MUSÉE NATIONAL DU LOUVRE

CATALOGUE

DES

FAÏENCES FRANÇAISES

ET DES

GRÈS ALLEMANDS

PAR

GASTON MIGEON
Conservateur adjoint du Département des objets d'art du Moyen Age
de la Renaissance et des temps modernes

PRIX : 4 francs

PARIS
LIBRAIRIES-IMPRIMERIES RÉUNIES
ÉDITEURS DES MUSÉES NATIONAUX
MOTTEROZ, Directeur
5, rue Saint-Benoît

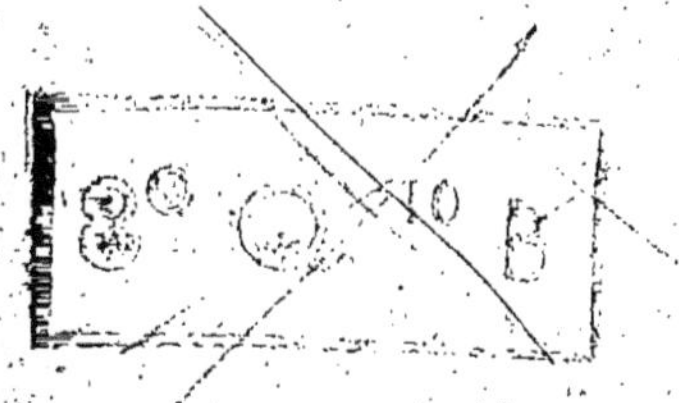

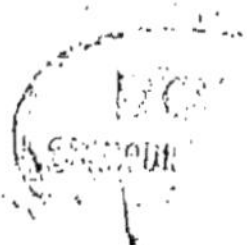

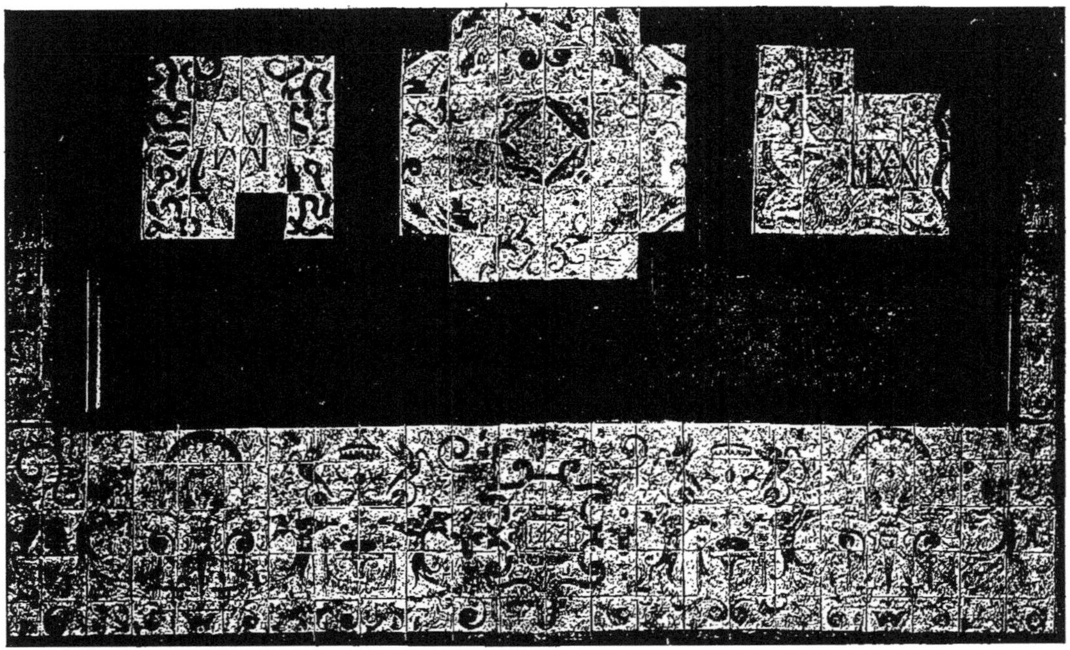

6 5 7

CARREAUX PROVENANT DU PAVAGE DU CHATEAU D'ÉCOUEN (XVIe siècle).

4

MARCHE DE L'AUTEL. — Chapelle de La Bâtie-d'Urfé (Loire) (XVIe siècle).

A.

1

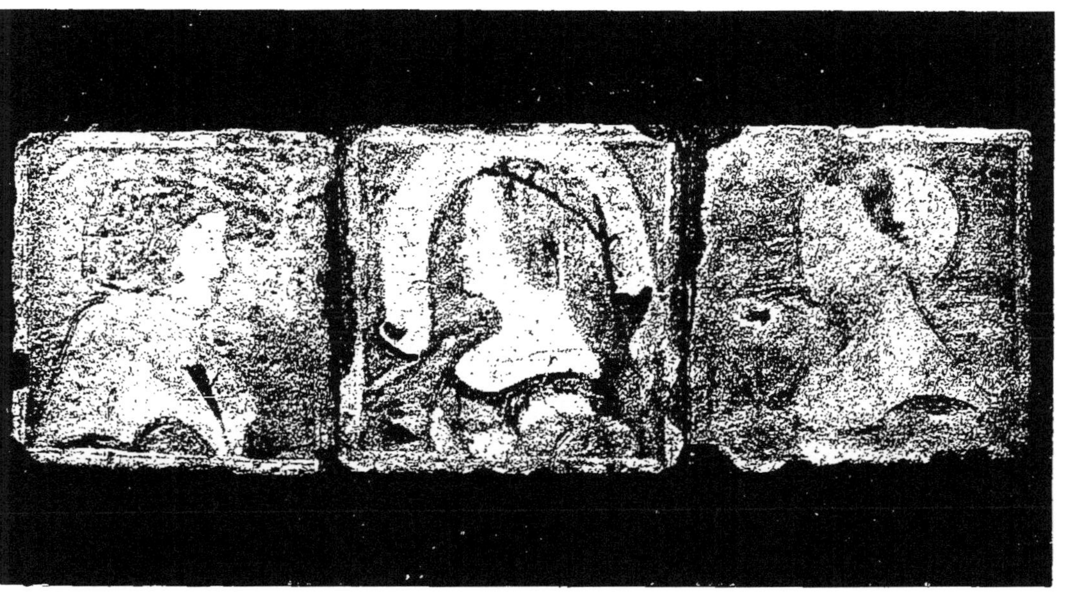

9

CARREAUX DE PAVEMENT DE L'ÉGLISE DE BROU (AIN)

Style franco-italien (XVIe siècle).

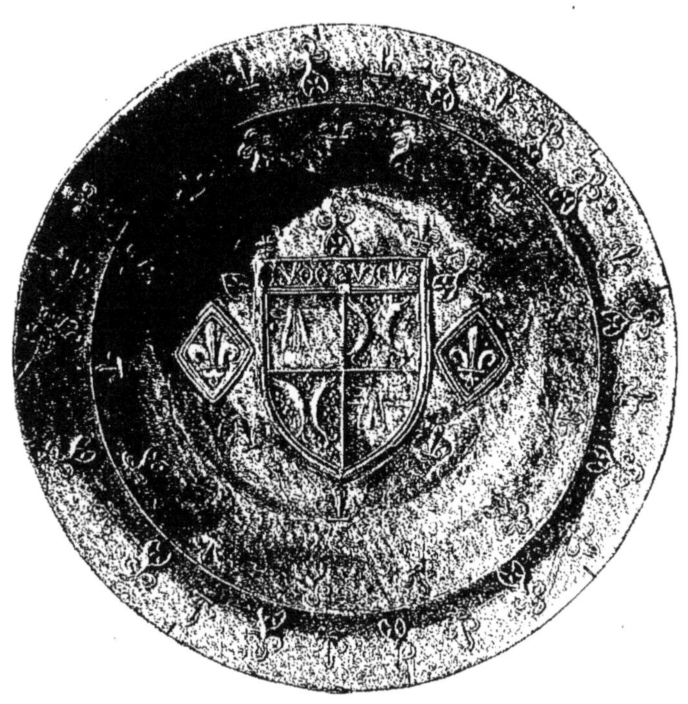

13

PLAT aux armes de Louis de Villiers de l'Isle-Adam, évêque de Beauvais.

Ateliers de Beauvais
(Époque de Louis XII).

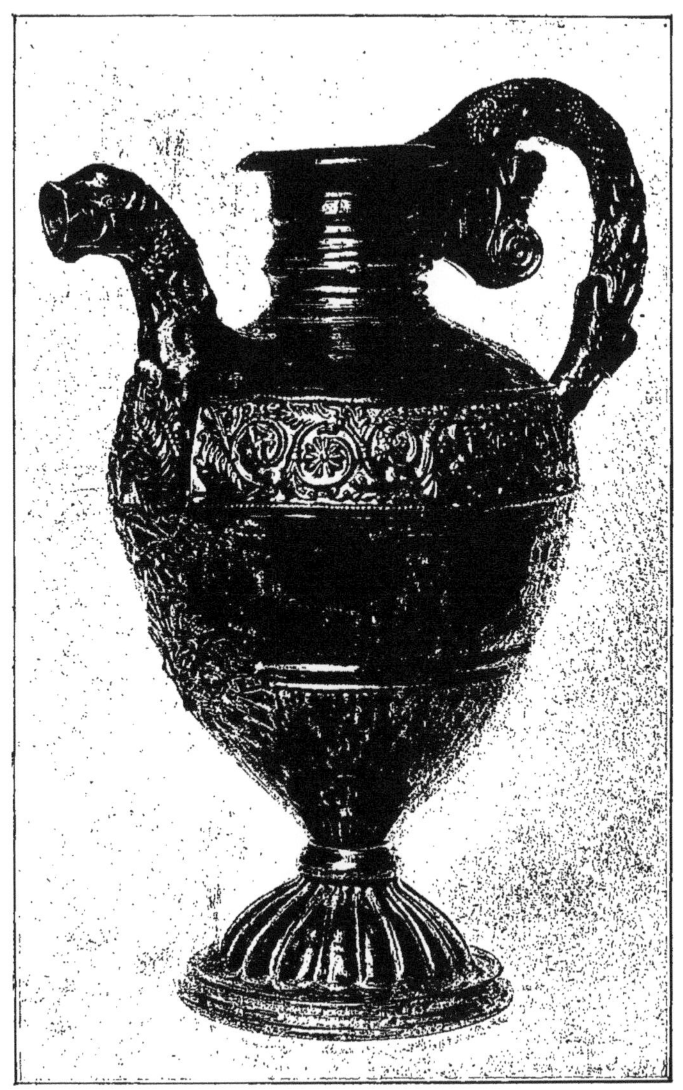

14

AIGUIÈRE

Ateliers de Beauvais (XVIe siècle)

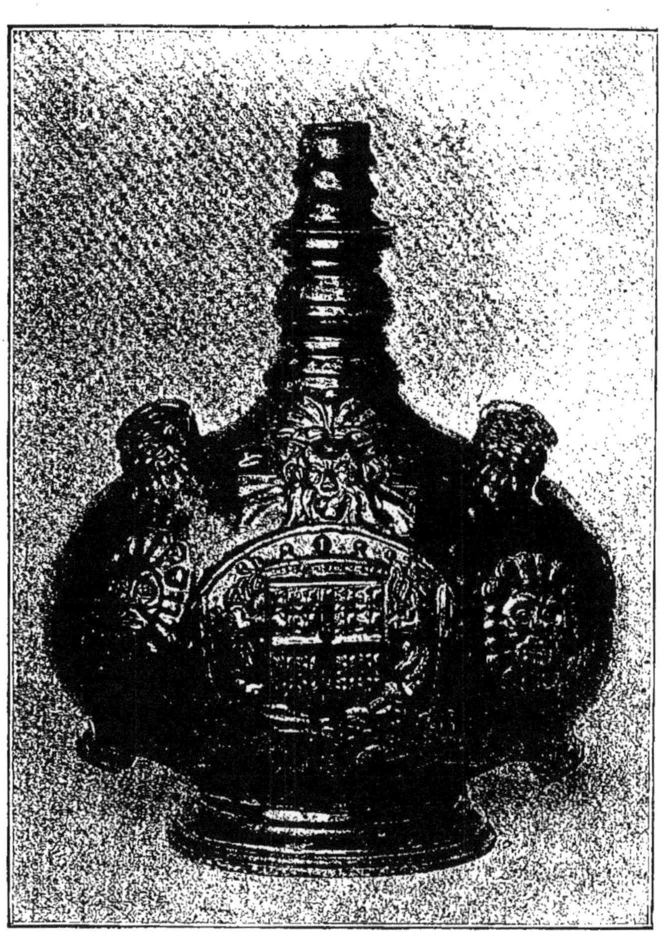

16

BOUTEILLE DE CHASSE

Ateliers de Beauvais ou de La Chapelle-des-Pots
(Deuxième moitié du XVIe siècle).

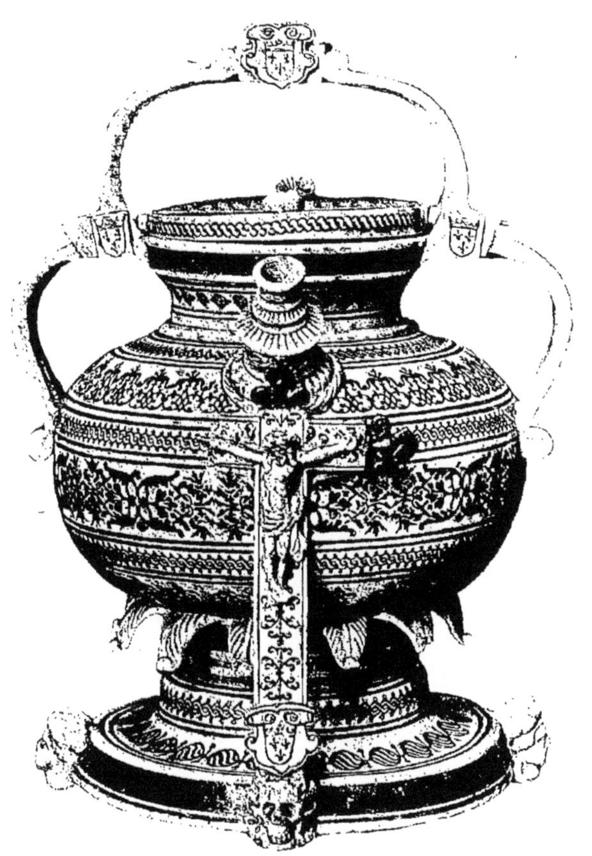

23

BIBERON

Ateliers d'Oiron ou de Saint-Porchaire

(XVIe siècle).

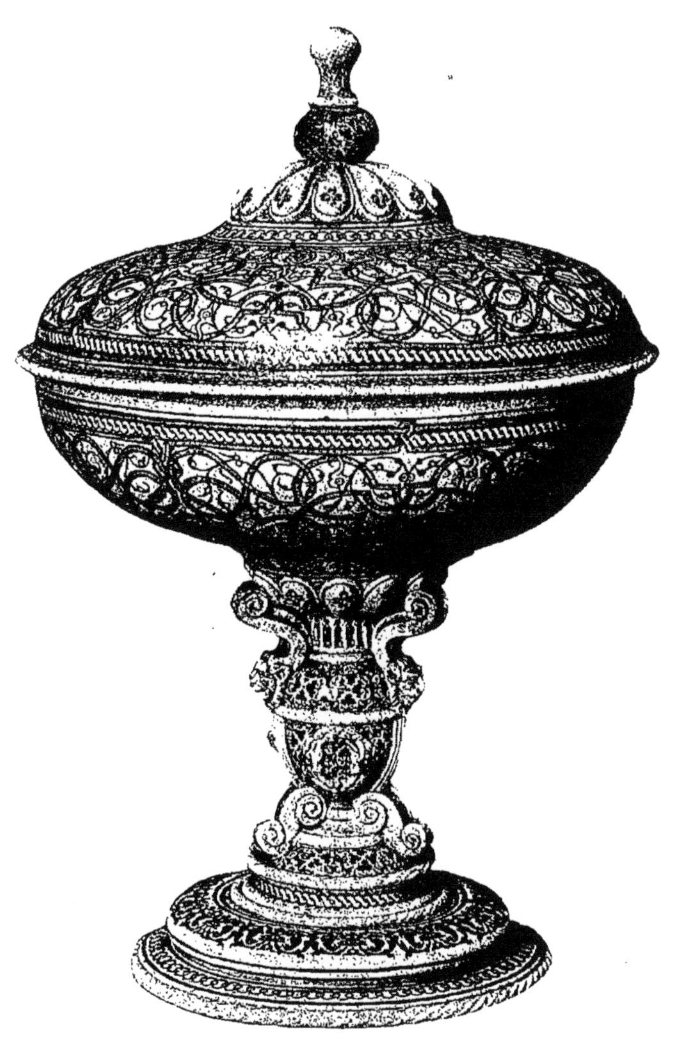

24

COUPE

Ateliers d'Oiron ou de Saint-Porchaire

(XVIe siècle).

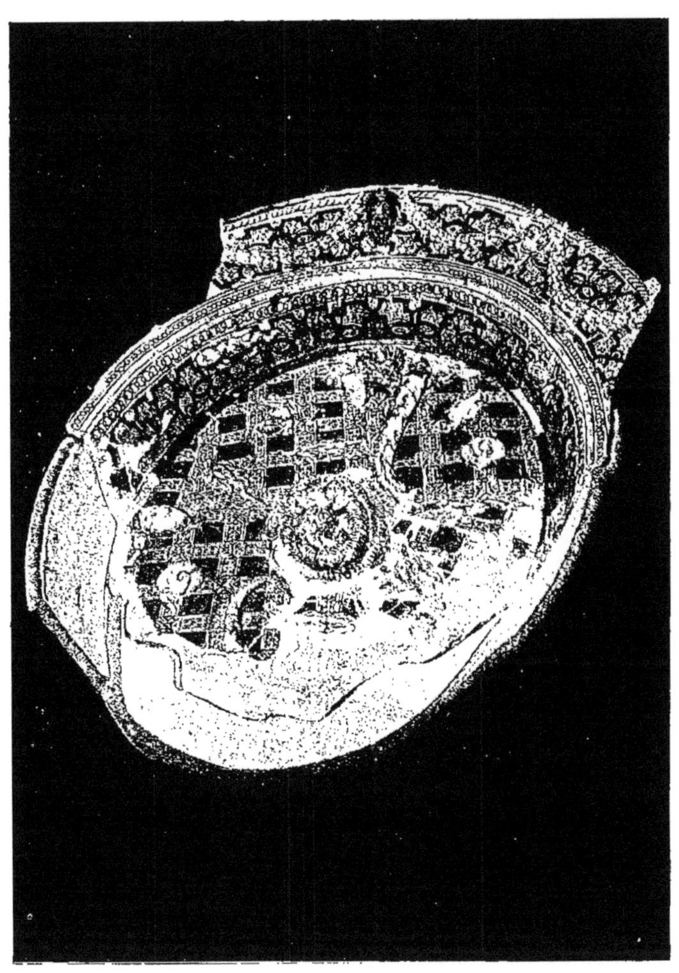

30

FRAGMENT DE PLAT

Mélange du décor d'Oiron ou Saint-Porchaire
et du décor rustique de Bernard Palissy
(XVIe siècle).

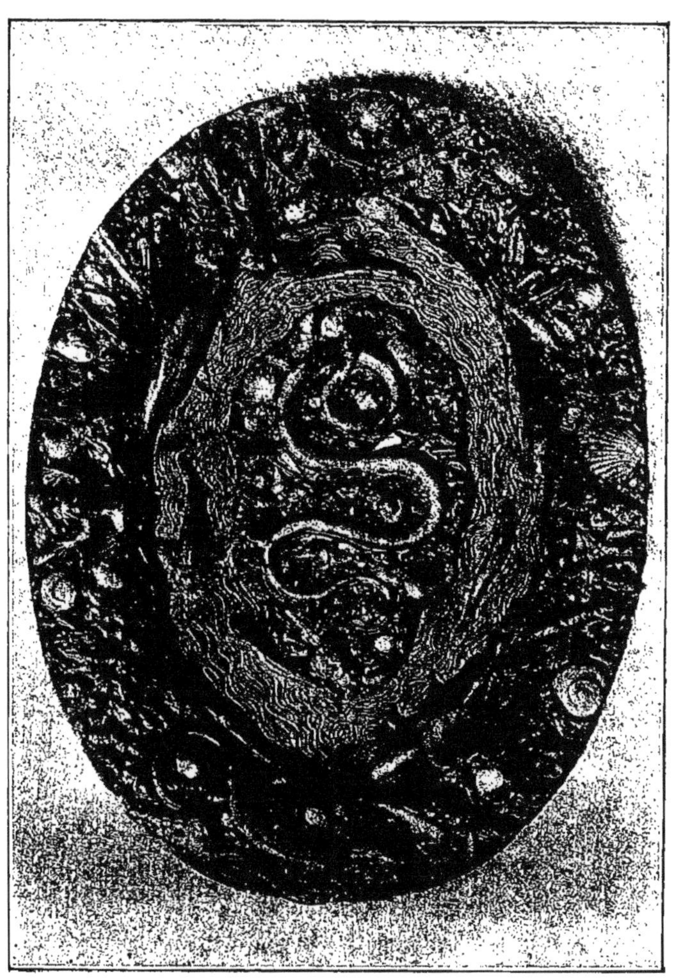

35

PLAT A DÉCOR RUSTIQUE

Par Bernard Palissy.

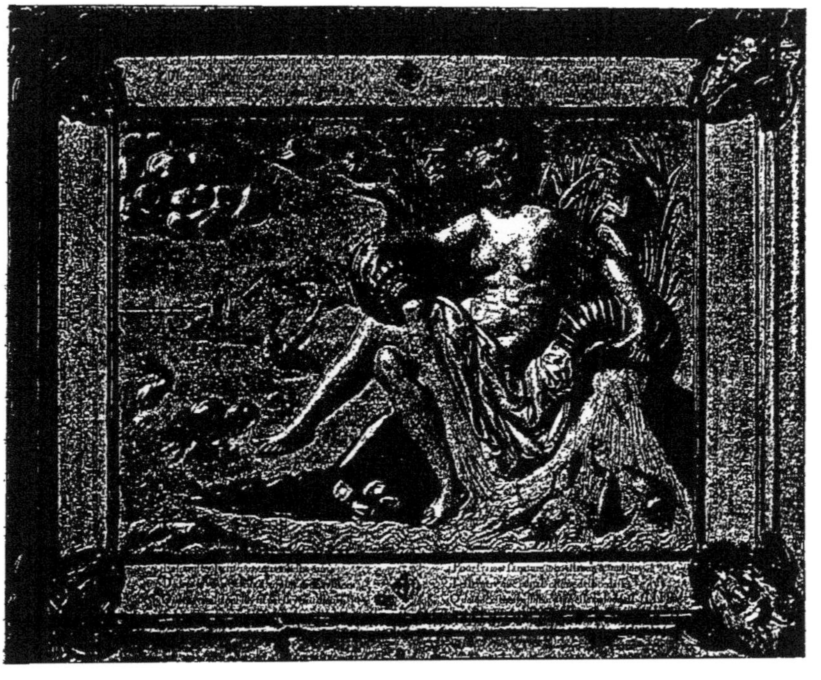

74
BAS-RELIEF. — L'Eau,
Par Bernard Palissy.

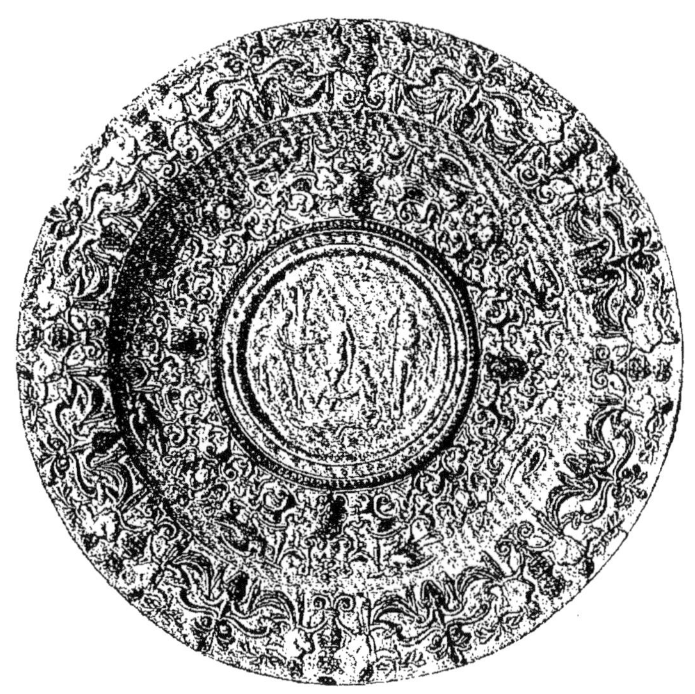

78

Plat creux

Le Jugement de Pâris,
d'après un moule de François Briot,
Par Bernard Palissy

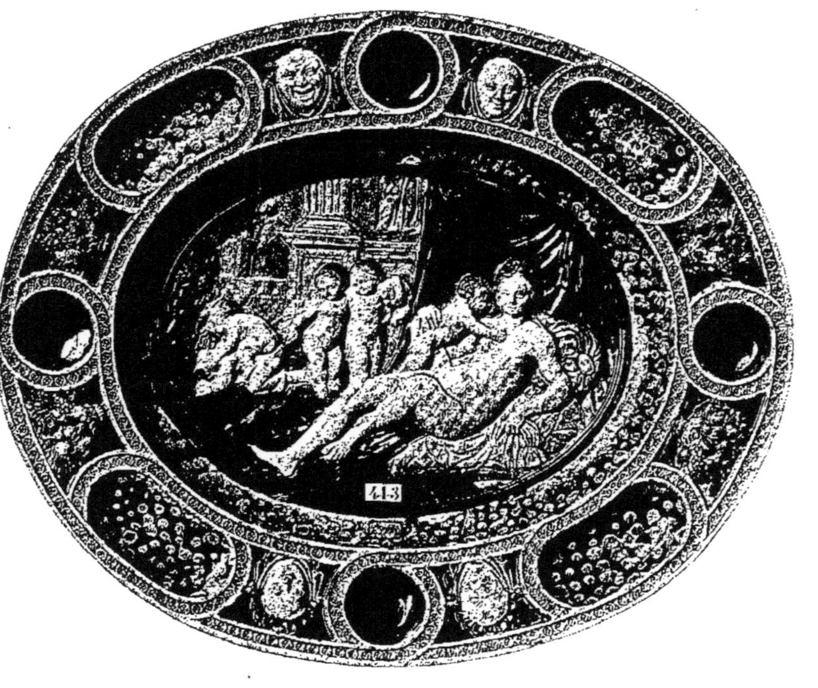

82

PLAT OVALE. — La Fécondité,
Par Bernard Palissy.

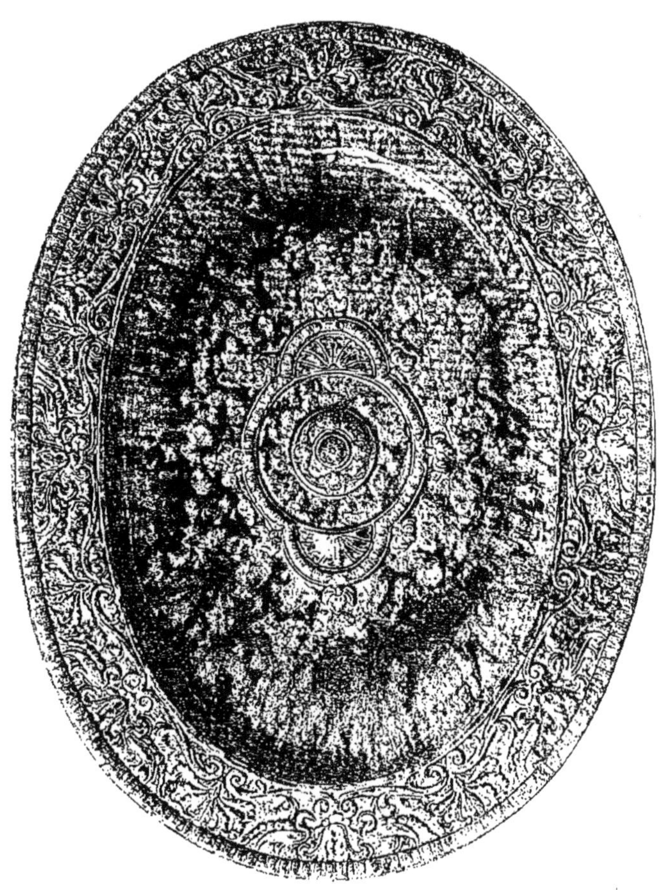

108

GRAND PLAT BLEU JASPÉ

Par Bernard Palissy.

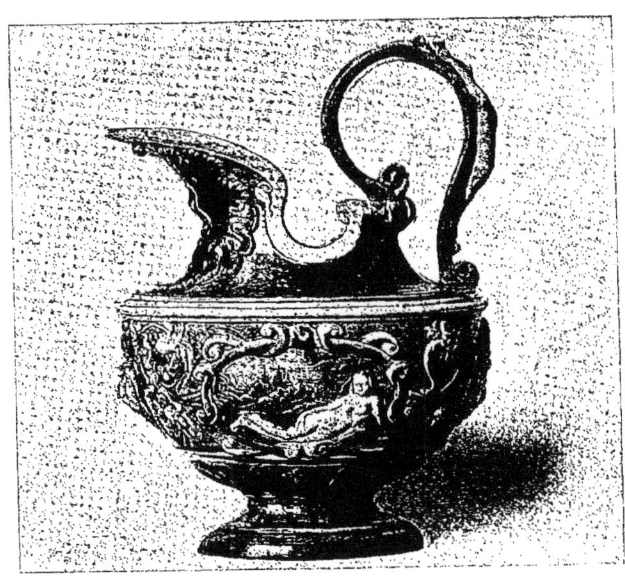

117

Aiguière, par Bernard Palissy.

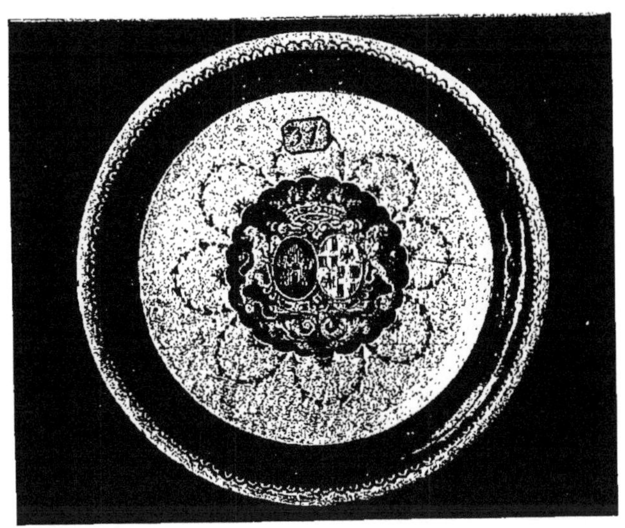

229

Assiette. — Rouen (xviiie siècle).

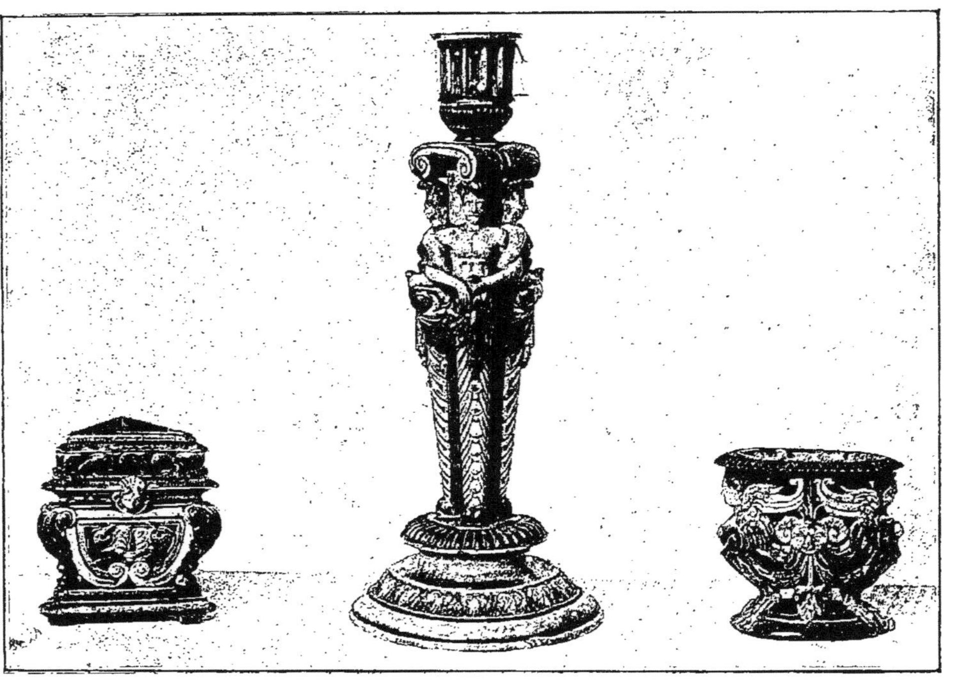

129 130 131

Flambeau et salières, par Bernard Palissy.

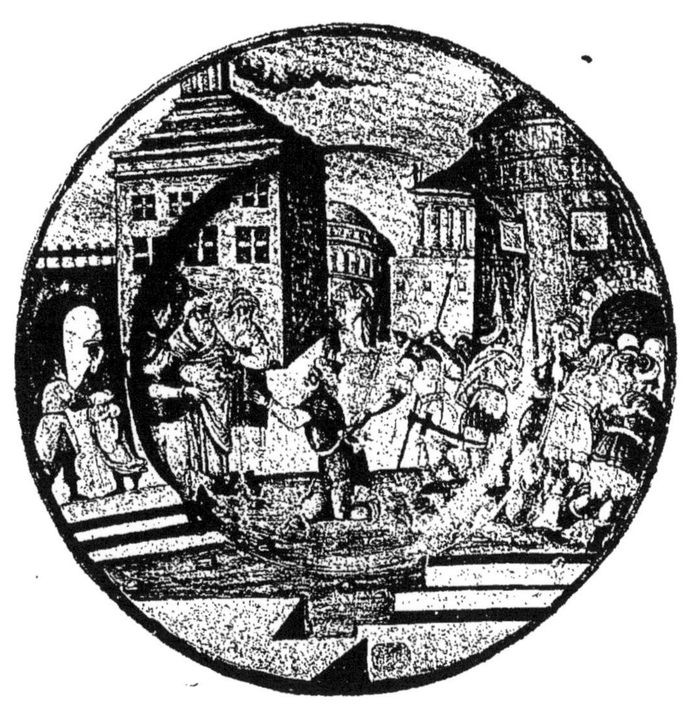

159

PLAT ROND

Joseph faisant emprisonner ses frères.

Ateliers de Lyon

(Deuxième moitié du XVIe siècle).

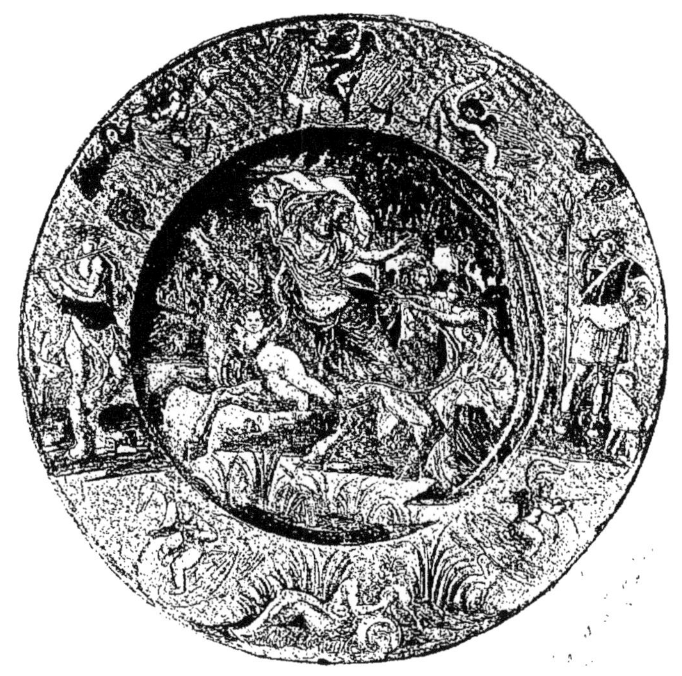

173

PLAT

Enlèvement d'Europe.

Nevers commencement du XVIIe siècle).

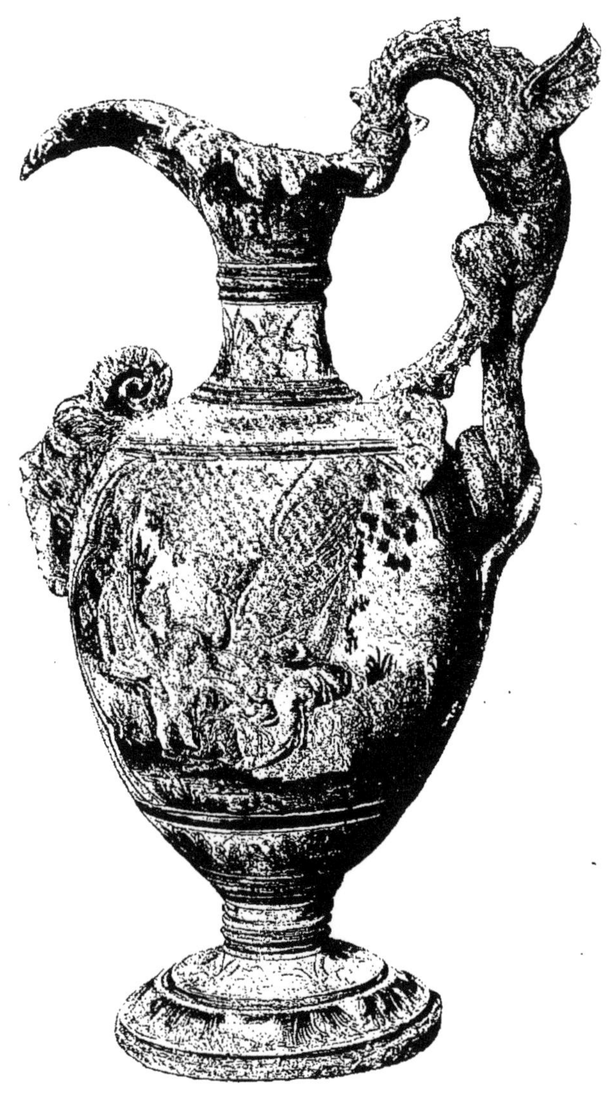

174

AIGUIÈRE

Ateliers de Nevers (XVIIe siècle).

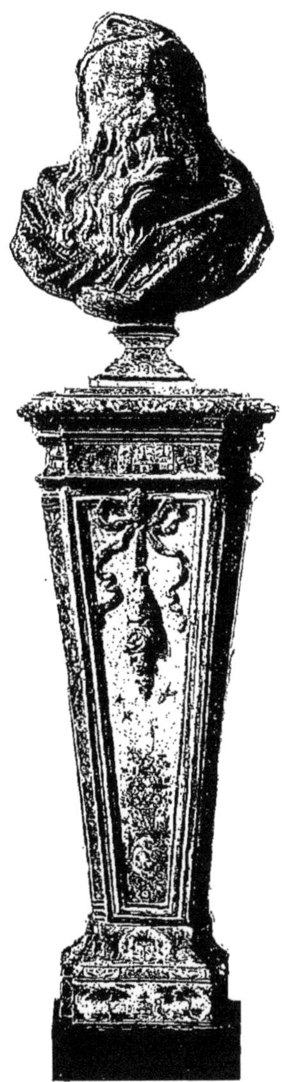

202

BUSTE SUR GAINE

Attribué à l'atelier de Nicolas Fouquay

Rouen (XVIIe siècle).

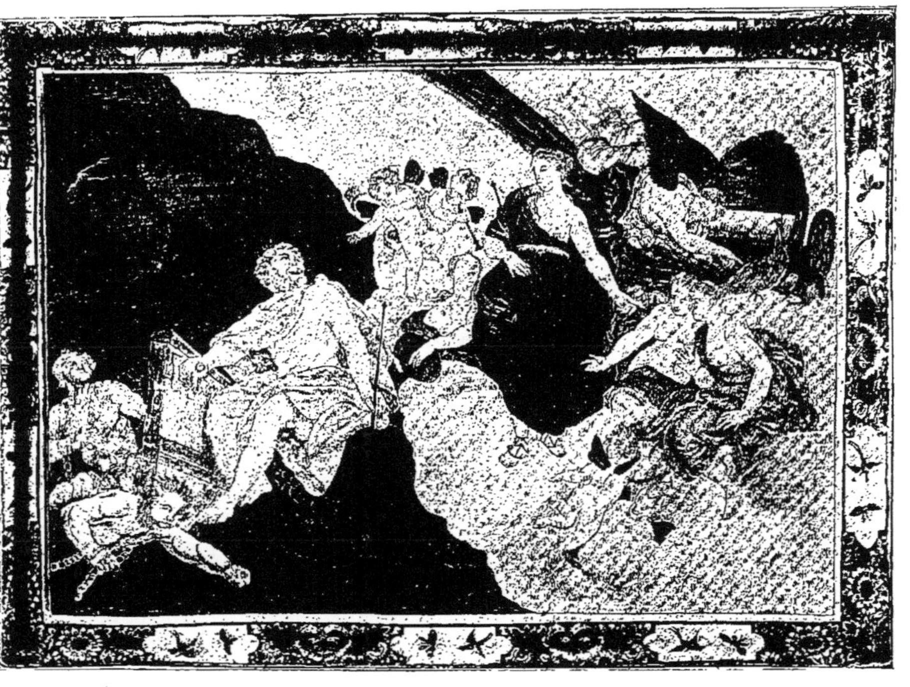

203

PLATEAU. — Junon chez Éole.

Rouen (XVIIe siècle).

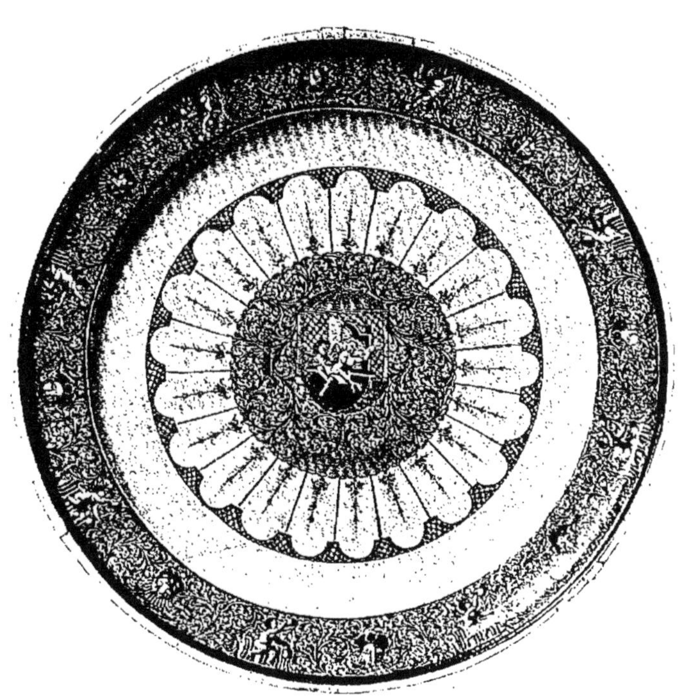

204

PLAT VIOLET ET ROUILLE

Rouen (XVIIe siècle).

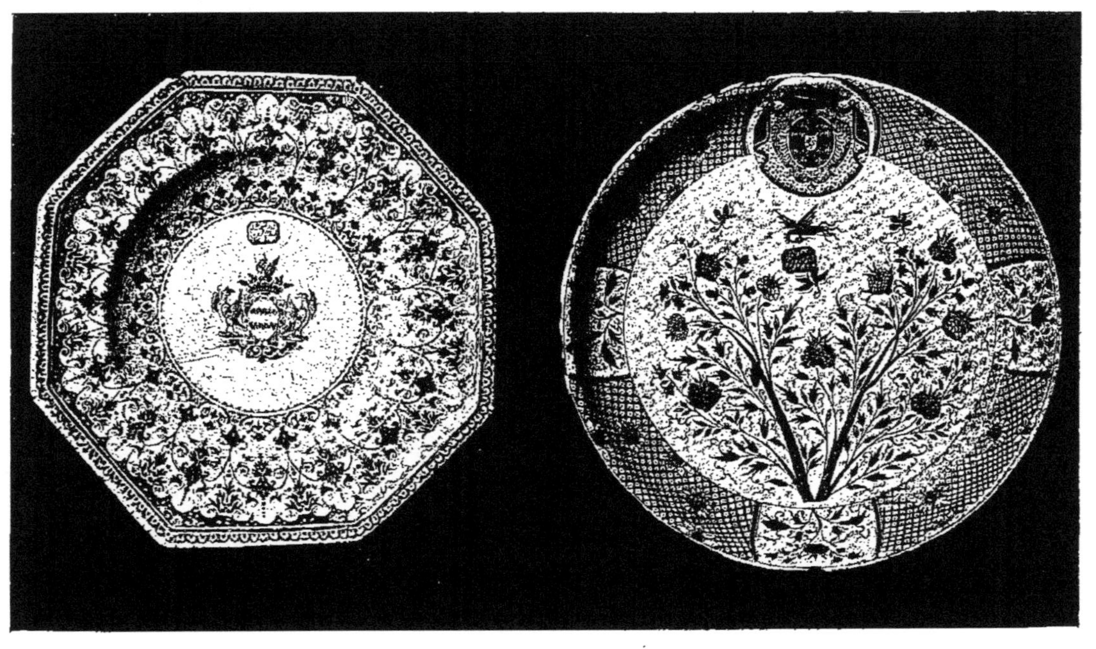

209

Plat octogone en bleu

Rouen (XVIIIe siècle).

215

Saladier décor chinois, signé Guillibaux.

Rouen (XVIIIe siècle).

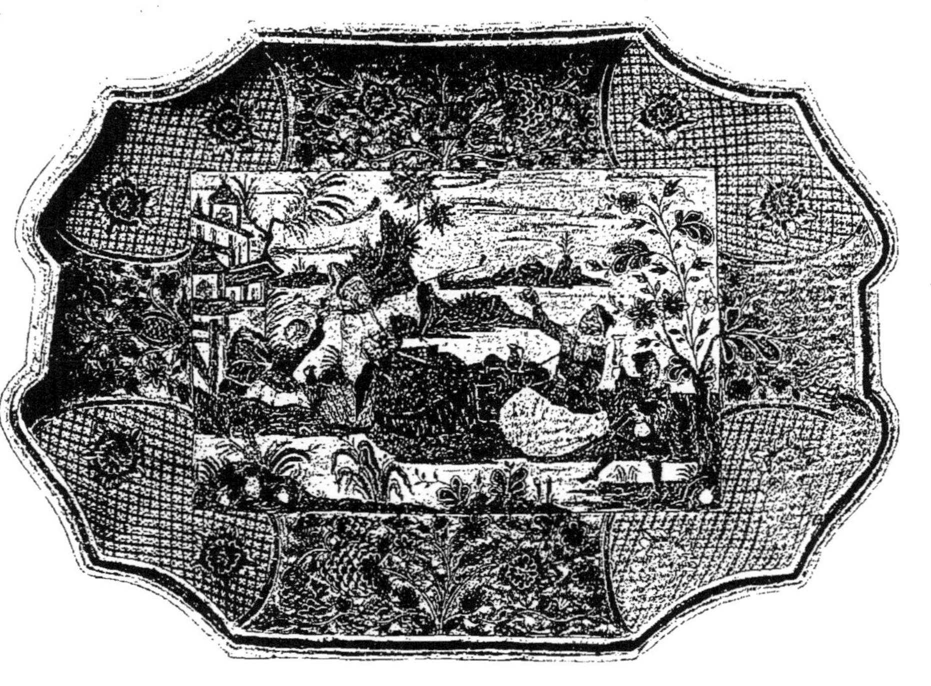

214

Plateau. — Décor chinois.

Rouen (xviiie siècle).

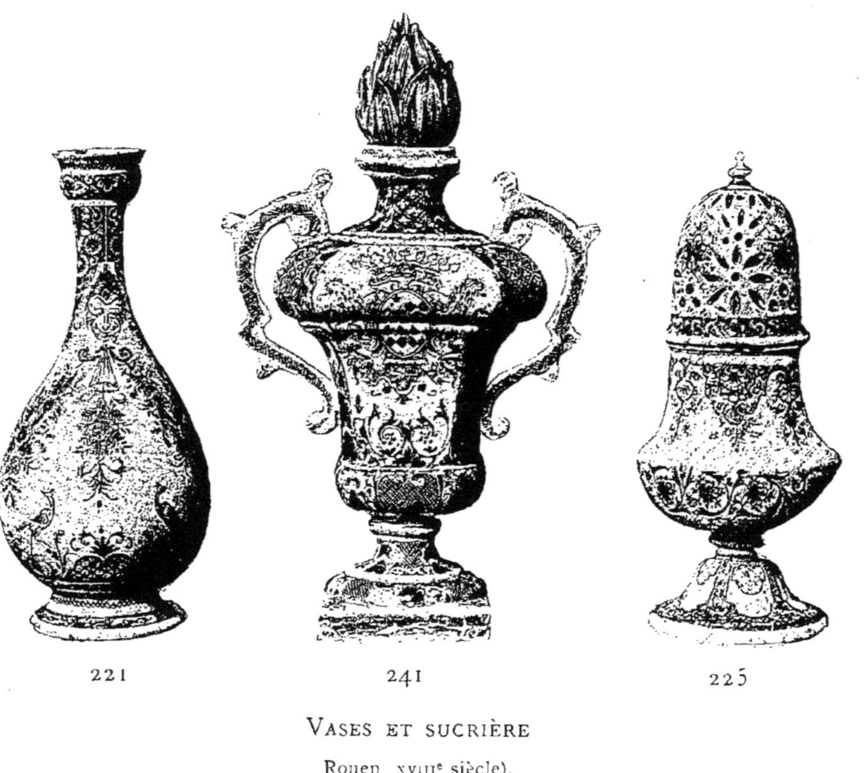

221 241 225

VASES ET SUCRIÈRE

Rouen (XVIIIe siècle).

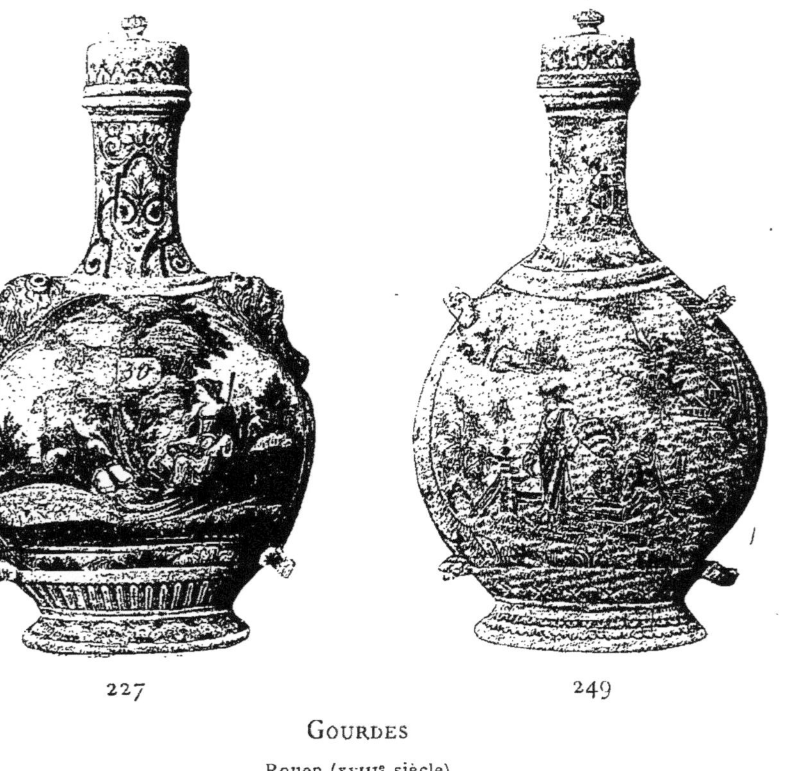

227 249

GOURDES

Rouen (XVIIIe siècle)

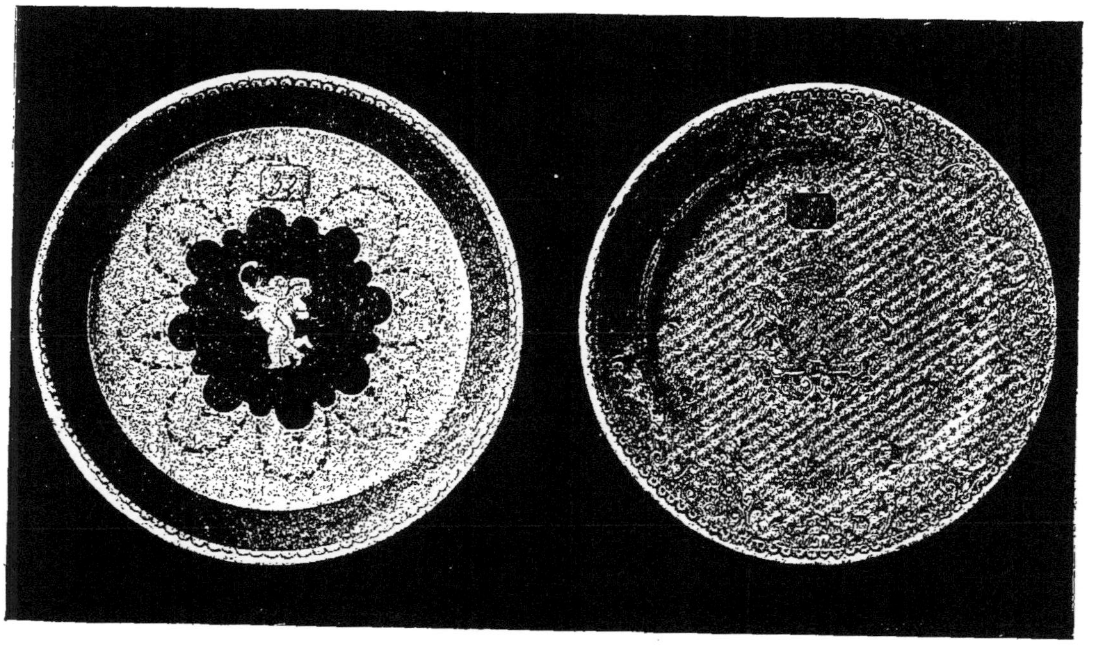

230 233

ASSIETTES

Rouen (XVIIIe siècle).

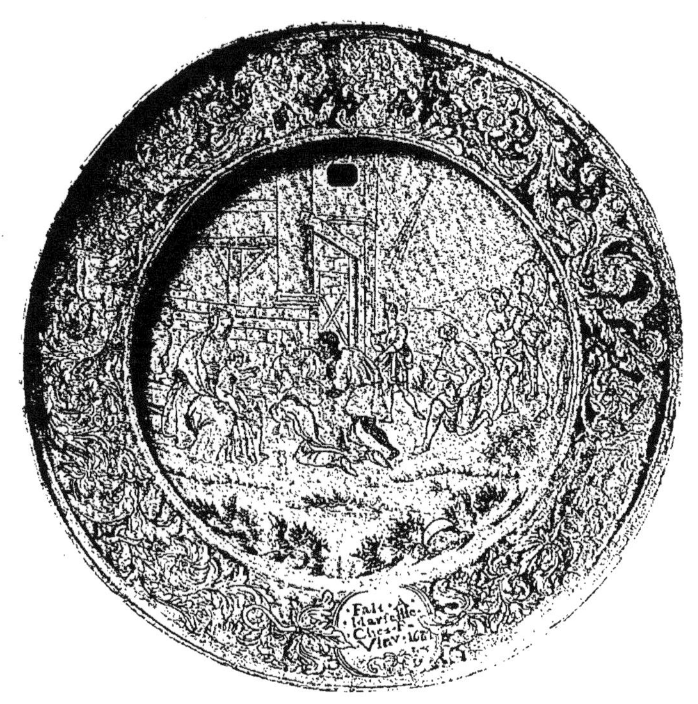

258

Plat

Faïence de Marseille

(XVIIIe siècle).

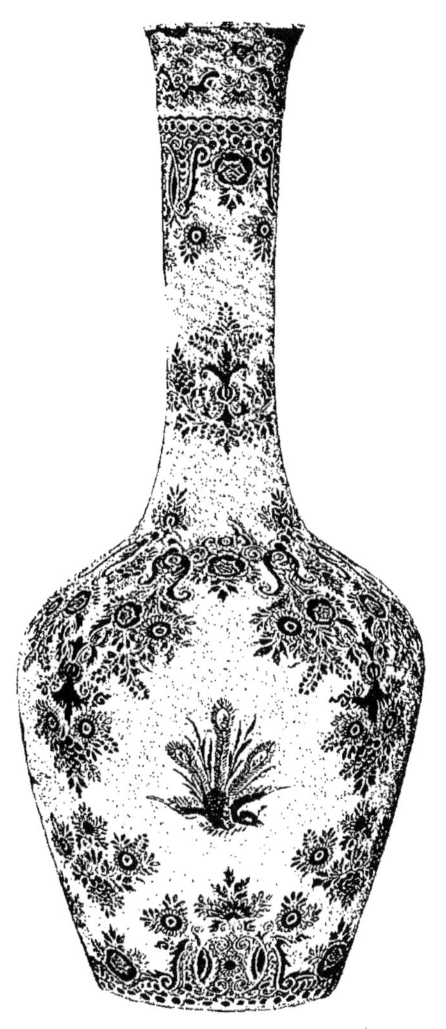

265

GRANDE BOUTEILLE

Faïence de Delft

xviii° siècle).

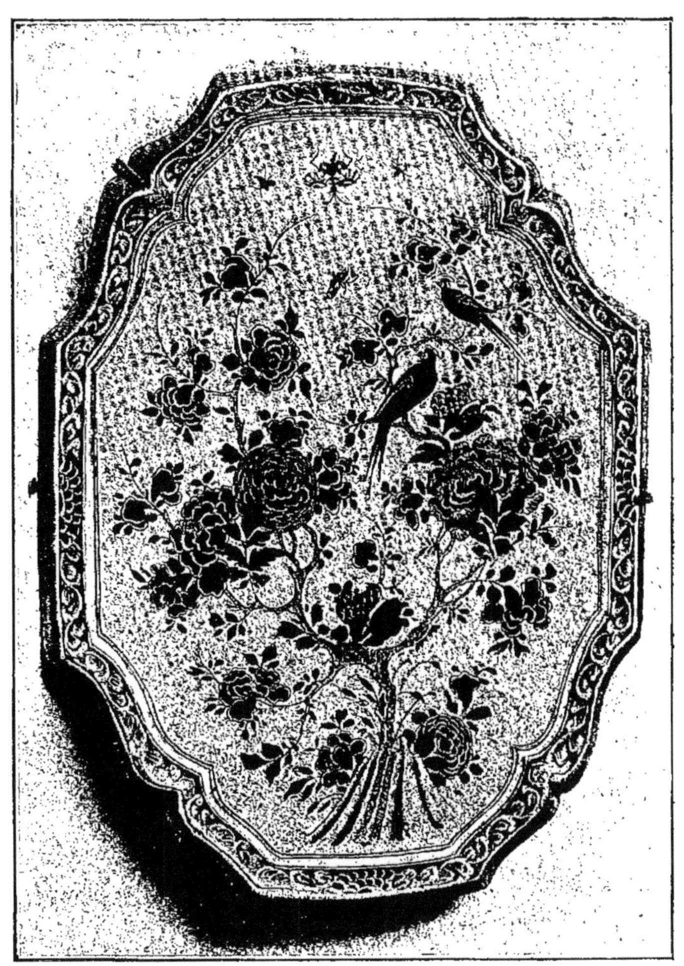

266

Plaque

Faïence de Delft

(xviiie siècle).

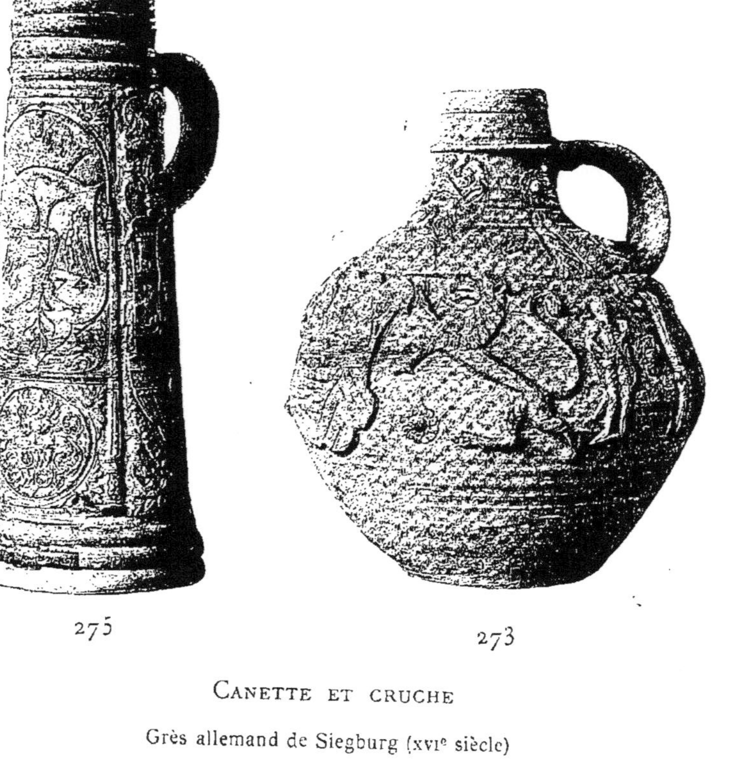

275 — 273

CANETTE ET CRUCHE

Grès allemand de Siegburg (XVIe siècle)

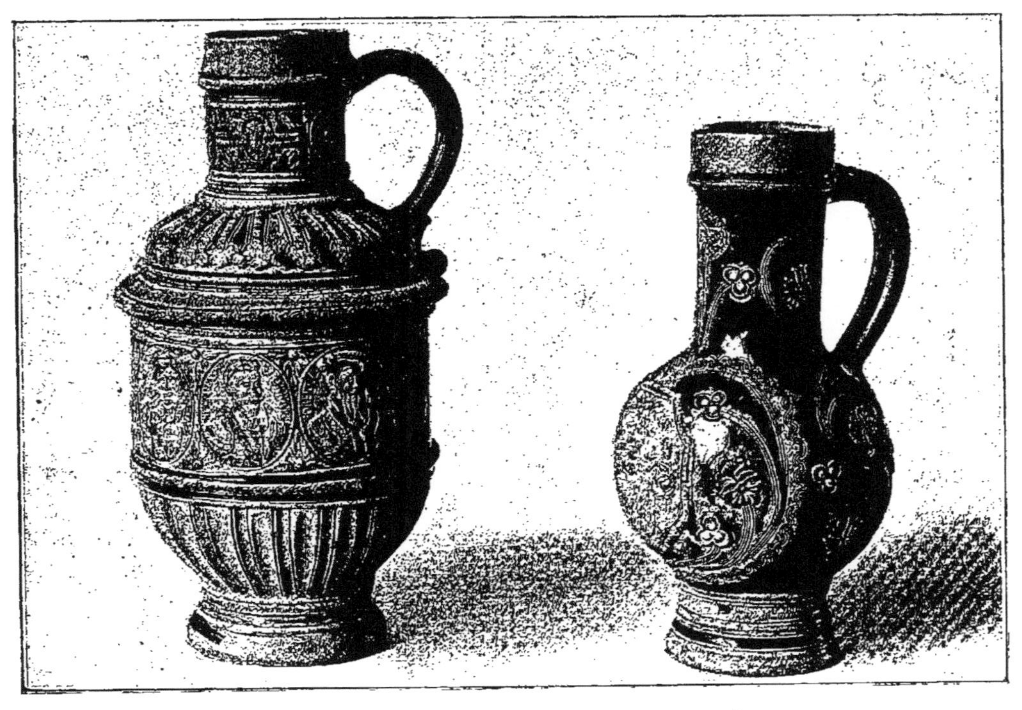

294
CRUCHE
Grès allemand de Raeren (XVIe siècle).

317
PETITE CRUCHE
Grès allemand de Nassau (XVIe siècle).

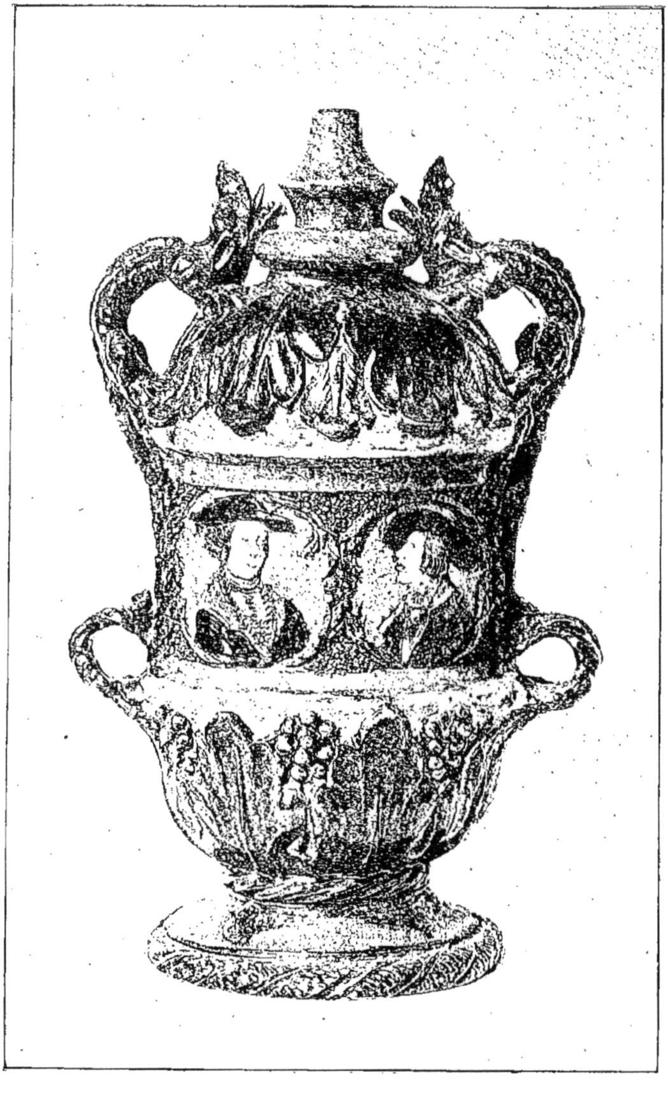

322

VASE DIT DE HIRSCHVOGEL

Région de Cologne

(XVIe siècle).

www.ingramcontent.com/pod-product-compliance
Ingram Content Group UK Ltd.
Pitfield, Milton Keynes, MK11 3LW, UK
UKHW021012200726
13857UKWH00004B/1414

9 782013 057479